GÉOGRAPHIE

PREMIÈRES NOTIONS

SUR QUELQUES PHÉNOMÈNES NATURELS

Imprimerie générale de Ch. Lahure. rue de Fleurus, 9, à Paris.

COURS D'ÉDUCATION ET D'INSTRUCTION PRIMAIRE

COURS ÉLÉMENTAIRE. — DEUXIÈME ANNÉE

GÉOGRAPHIE

PREMIÈRES NOTIONS
SUR QUELQUES PHÉNOMÈNES NATURELS

PAR

Mme MARIE PAPE-CARPANTIER

Inspectrice générale des Salles d'asile, Directrice du Cours pratique

M. CHARLES DELON

Licencié ès sciences

Mme FANNY CH. DELON

Directrice d'une École professionnelle de jeunes filles, à Paris

Édition spéciale pour les garçons

PARIS

LIBRAIRIE HACHETTE ET Cie

BOULEVARD St-GERMAIN, 79

1870

GÉOGRAPHIE.

GÉOGRAPHIE DESCRIPTIVE.

I. Introduction.

Vous souvenez-vous, mes chers enfants, de toutes les choses que nous vous avons fait remarquer l'année dernière sur le terrain : les collines et les vallées, les sources et les ruisseaux? Mais nous n'avons pas tout vu, il nous reste beaucoup de choses intéressantes à examiner. Retournons aujourd'hui à la campagne; allons encore faire un voyage à travers le pays, revoir ce que nous connaissons, et faire d'autres découvertes. C'est décidé, n'est-ce pas? nous partons !

Mais où allons-nous? Où vous voudrez. Nous quittons la ville pour aller au village, à la ferme où l'on voit les grands bœufs qui labourent, les vaches qui donnent de si bon lait, les chèvres et les moutons bêlants; à la ferme où l'on déjeune si joyeusement avec le

La ferme dans la plaine.

pain bis, le lait et le fromage. Partons, nous traverserons les vallées, nous gravirons les collines, nous sauterons les ruisseaux: tout cela, bien entendu, sans peine ni fatigue, puisque nous ferons ce voyage en esprit seulement, en attendant le jour de joyeux congé, où nous le ferons sur nos jambes.

———

II. La plaine cultivée et le désert.

En quittant la ville, nous voyons d'abord des jardins remplis d'arbres à fruits et de légumes de toute espèce; puis nous arrivons dans la *plaine*. Voici les beaux champs où l'on cultive le blé, l'orge, l'avoine; nous les traversons, en regardant les cultivateurs qui labourent, sèment ou moissonnent. Nous traversons aussi de belles prairies où paissent des bestiaux, nous voyons les chemins bordés de beaux arbres; et dans cette campagne toutes les plantes sont fraîches et vigoureuses. C'est que le *sol* de cette plaine est de bonne terre, il a les sucs et l'humidité necessaires pour nourrir les plantes : c'est ce qu'on appelle un sol *fertile*.

Mais toutes les plaines sont-elles aussi fertiles que celle-ci? Non, mes chers enfants; il y a des terres moins bonnes, il y en a de mauvaises; et même, dans certaines contrées, on rencontre de grandes étendues de pays plat, dont le terrain est improductif, c'est-à-dire ne peut

rien produire pour l'homme. Ce sont des plaines où il n'y a pas de terre végétale, mais du
sable ou des pierres ; il n'y pousse donc ni
arbres, ni blé ; rien, si ce n'est çà et là quelques chardons, et quelques herbes jaunies par

Le désert.

la sécheresse. Vous comprenez bien, mes chers
enfants, que les hommes ne peuvent habiter
ces contrées où ils ne trouvent rien de ce qui
est nécessaire à leur vie ; il n'y a donc dans
ces pays là ni villes ni villages ; et les voyageurs

qui sont obligés de les traverser pour aller dans d'autres pays, ont parfois beaucoup à souffrir. Ces grandes étendues de terrain stérile s'appel-lent des *déserts*.

Qu'est-ce qu'un sol *fertile?*
Que veut dire le mot *stérile?*
Qu'est-ce qu'un *désert?*

III. La chaîne de collines.

Du milieu de la plaine où nous sommes, nous apercevons, en face de nous, des hauteurs qui nous paraissent grisâtres dans le lointain : ce sont des *collines*. Bientôt nous arriverons au *pied* d'une de ces collines, c'est-à-dire à l'endroit où sa pente se relie avec la plaine. Nous gravirons jusqu'à son sommet, en suivant les sentiers tracés sur cette pente, et la montée ne sera pas aussi difficile que vous pourriez le croire; car une colline ne s'élève pas d'aplomb comme un mur, elle n'est pas étroite et pointue comme le toit d'un clocher; elle est très-large, à la base, beaucoup plus large qu'elle n'est haute.

Si nous montons facilement, si les chemins sont peu inclinés, nous dirons que cette colline est en *pente douce*. Si, au contraire, le sentier est raide, nous dirons que la pente est *escarpée*.

En regardant autour de vous, vous voyez que cette colline que nous allons gravir n'est pas isolée au milieu d'un pays plat, comme un pain de sucre au milieu d'une table. A la suite de cette colline, il y en a d'autres. Elles sont placées à la file, et se touchent, comme les anneaux d'une grosse chaîne étendue sur la terre. A cause de cela, on appelle cette suite de hauteurs : une *chaîne de collines*.

Si vous voulez, en vous amusant, figurer une chaîne de collines, formez avec le sable du jardin de petits monticules arrondis que vous rangerez à la file, de manière qu'ils se touchent par le pied; ce sera une chaîne de colline, en miniature.

Quand dit-on qu'une colline est en *pente douce?*
Qu'est-ce qu'une pente *escarpée?*
Qu'est-ce qu'une *chaîne de collines?*

IV. Les versants.

A mesure que nous approchons du sommet de la colline, nous sentons que l'air est plus vif, le vent plus frais qu'en bas, dans la plaine. Nous voilà parvenus au sommet, ou comme on dit aussi : sur le *faîte*. Là, comme dans la plaine, comme sur les pentes, nous trouvons des champs cultivés, de la verdure et des arbres. Mais il y a aussi, mes enfants, des collines, dont le sommet est aride, où il se trouve peu de terre végétale, où la pierre, la *roche* se montre par endroits.

Du sommet où nous sommes parvenus, nous voyons le terrain s'en aller en pente des deux côtés opposés : derrière nous, c'est le chemin que nous avons suivi pour monter ; devant nous, c'est la pente opposée par où nous descendrons. Car, arrivés au point le plus élevé, si nous voulons continuer d'avancer dans la même direction, il nous faudra descendre de l'autre côté de la colline. Une colline a toujours ainsi deux pentes qu'on appelle les deux *versants*[1].

Pendant que nous sommes sur le haut de cette colline, s'il allait venir un orage ? Vous pensez peut-être qu'il nous faudrait chercher un abri. C'est juste ; mais il y aurait quelque chose d'intéressant à remarquer.

Supposons qu'il tombe beaucoup de pluie ;

---

1. Autrement ce serait un plateau et non pas une colline. (Voir le *Manuel*.)

l'eau ne restera pas sur la colline, vous savez que les liquides ne restent pas sur les pentes; ils coulent nécessairement. L'eau coulera donc sur les deux versants; elle formera de petits ruisselets, comme ceux que vous voyez, pendant une grande pluie, sur la route ou dans les allées du jardin, et qui s'écoulent toujours vers l'endroit le plus bas.

Quand la pluie tombe sur une maison dont le toit a deux pentes, tout ce qui tombe d'un côté du faîte descend jusqu'au bas du toit, et coule dans la gouttière de ce côté; tout ce qui tombe de l'autre côté du faîte coule dans l'autre gouttière. Mes enfants, il en est de même sur une colline, puisque la colline a deux versants. L'eau qui tombe d'un côté du sommet descend sur le versant de ce côté; l'eau qui tombe de l'autre côté du faîte, coule sur l'autre versant : de sorte que toute la quantité d'eau qui est tombée sur la hauteur, est *partagée*, divisée en deux parts.

Où va-t-elle cette eau qui descend sur chacun des versants? Elle va dans la vallée ou dans la plaine. Au bas de la pente dans la plaine, ou dans l'endroit le plus creux de la vallée, il y a un ruisseau dont la gouttière de notre toit est l'image; c'est là que va se réunir toute l'eau tombée sur le versant qui penche de ce côté.

Qu'appelle-t-on les deux *versants* d'une colline?

Où va l'eau de pluie qui tombe sur un toit à deux pentes?

Où va l'eau de pluie qui tombe sur chacune des pentes de la colline?

Le faîte partage donc en deux la quantité d'eau qui tombe sur la colline?

V. La chaîne de montagnes.

Pendant que nous sommes sur la colline, disons un mot des hautes montagnes, qui sont comme des collines immenses, et où tout ce que nous remarquons ici est énormément agrandi.

Le haut d'une montagne s'appelle aussi le sommet, le faîte, ou la *cime;* mais le sommet d'une montagne est bien autrement élevé que celui d'une colline. La montagne a aussi deux pentes, deux *versants,* mais beaucoup plus éten-dus.

En certains endroits les pentes sont escar-pées, inégales; on dirait un entassement de gros rochers à pic. Entre ces rochers il y a de larges fentes, profondes et tortueuses, creusées selon la pente des versants : c'est ce qu'on appelle des *ravins.*

Enfin, chers enfants, une montagne n'est pas généralement isolée au milieu d'une plaine ; il y en a presque toujours plusieurs rangées à la suite les unes des autres, comme les collines ; et cela s'appelle de même, une *chaîne de montagnes*.

Au sommet d'une colline, disions-nous, l'air est plus vif, plus frais que dans la plaine. Au sommet d'une grande montagne, vous penserez qu'il doit faire bien plus froid encore.

Oui, mes enfants ; à mesure que l'on gravit une très-haute montagne, on trouve l'air de plus en plus froid, et quand on arrive vers le sommet, il fait si froid qu'on est tout transi. A cette hauteur tout est glacé ; il n'y a plus ni arbres, ni plantes, mais de la neige et de la glace ; la cime est toute blanche, comme un toit sur lequel la neige a tombé.

Qu'est-ce que la *cime* d'une montagne ?
La montagne a-t-elle deux versants comme la colline ?
Qu'appelle-t-on les *ravins* ?
Qu'est-ce qu'une chaîne de montagnes ?
Fait-il plus froid au sommet de la montagne qu'au pied ?

<hr>

VI. Les torrents.

Et, demanderez-vous, la neige des montagnes fond-elle quand vient l'été ?

La montagne.

Il fait si froid, mes enfants, sur les sommets élevés, que la neige n'y fond jamais entièrement; il en fond seulement une partie, surtout pendant l'été. En fondant, cette neige devient de l'eau, comme vous le savez; et de même que l'eau des pluies descend en petits ruisseaux sur le penchant des collines, l'eau des neiges fondues coule sur les versants des montagnes; mais ce ne sont pas des ruisselets qu'elle forme : ce sont des *torrents*.

L'eau des torrents coule très-vite, parce que le versant de la montagne a beaucoup de pente. Elle court, elle saute, elle écume, comme en passant sous la roue d'un moulin; elle se précipite avec un grand bruit, en suivant son lit creusé au fond des *ravins*.

Cette eau aussi descend dans la vallée.

De même qu'entre deux collines il y a une vallée étroite où coule un ruisseau, ainsi entre deux montagnes il y a une vallée large, profonde, au fond de laquelle l'eau de tous les torrents se réunit et forme une rivière, ou même un fleuve.

L'eau descendue dans la vallée se calme; elle ne bondit plus comme lorsqu'elle formait le torrent, elle coule paisible, en suivant la pente

Le torrent et la cascade.

insensible du terrain. Elle traverse les champs cultivés, les vastes prairies, les villages et les villes; enfin tout le pays situé dans la vallée qu'elle arrose.

Le sommet des hautes montagnes est-il couvert de neige?
Une partie de la neige des sommets fond-elle en été?
Que devient l'eau produite par cette neige fondue?
Qu'est-ce qu'un *torrent?*
Où va l'eau des torrents?

VII. Le cours du ruisseau.

Maintenant, mes petits amis, supposons que nous avons marché pendant plusieurs heures : nous sommes arrivés sur le bord d'un ruisseau; vous regardez l'eau qui coule. Si elle court un peu vite, vous voyez très-bien de quel côté elle va; mais quelquefois elle est si paisible qu'elle semble tout à fait immobile. Pourtant, si vous observez les petits brins d'herbe qui flottent à sa surface, vous vous apercevez qu'ils s'en vont tous dans la même direction, et vous comprenez facilement que c'est l'eau qui les entraîne. Le mouvement de l'eau qui coule dans une même direction, c'est le *courant.*

Quand nous marchons le long d'un ruisseau en suivant le courant, cela s'appelle naturellement *descendre* le ruisseau, puisque l'eau descend toujours vers les endroits les plus bas, et que nous nous dirigeons comme elle; si nous allons en sens contraire, cela s'appelle *remonter* le courant, ou le *cours* de l'eau.

Le lit d'un ruisseau a toujours deux bords, deux rives, comme vous le savez.

Imaginez que vous êtes sur le petit pont qui traverse le ruisseau, et que vous regardez *du côté par où l'eau s'en va;* vous êtes tournés comme pour *descendre* le courant; une des rives est à votre droite, l'autre est à votre gauche. La rive qui est à votre droite, quand vous êtes tournés ainsi, s'appelle la *rive droite* du ruisseau, celle qui est à votre gauche se nomme la *rive gauche*.

En certains endroits le lit du ruisseau est plus incliné; la pente étant plus rapide, l'eau coule plus vite, elle écume contre les obstacles ou saute par-dessus; c'est ce qu'on appelle un *rapide :* à cet endroit le ruisseau devient comme un petit torrent. Quelquefois ce n'est pas seulement une pente inclinée que l'eau descend, c'est comme un degré, une grande marche taillée à pic dans le rocher; l'eau se précipite du haut en bas de ce degré, elle forme ce qu'on appelle: une *chute*, ou une *cascade*.

L'eau du ruisseau coule-t-elle toujours dans la même direction ?

Pourquoi?

Qu'appelle-t-on le *cours* d'un ruisseau ?

Qu'appelle-t-on *descendre le cours* d'un ruisseau? — *Remonter le cours* d'un ruisseau?

Comment faut-il se placer pour reconnaître la *rive droite* de la *rive gauche?*

Qu'appelle-t-on un *rapide?*

Qu'appelle-t-on une *chute* ou une *cascade?*

VIII. Confluents, affluents, embouchure. — La crue.

En suivant le cours de notre ruisseau, nous rencontrons un autre ruisseau qui vient s'y réunir, et tous deux n'en forment plus qu'un seul. L'endroit où ces deux cours d'eau se réunissent est appelé leur *confluent ;* le plus petit, s'appelle *l'affluent* du plus grand.

Le confluent, où se termine le cours du petit ruisseau, est appelé son *embouchure.* Ainsi les deux extrémités d'un cours d'eau sont la source et l'embouchure : à l'une il commence, à l'autre il finit.

Au delà du confluent, notre ruisseau est plus large et plus profond qu'il ne l'était auparavant, puisqu'il s'est augmenté de l'eau que son affluent lui a apportée.

Maintenant réfléchissons un peu. L'eau de

toutes les pluies qui tombent sur les pentes des collines, dans la petite vallée ou dans la plaine, va, disons-nous, se réunir dans le ruisseau qui traverse cette plaine ou cette vallée. Quand il tombe une grande pluie, il coule donc beaucoup d'eau dans le ruisseau. Alors le lit de ce cours d'eau se remplit jusqu'au bord ; l'eau court plus vite, elle est troublée et agitée. C'est la *crue*, mot qui signifie que la quantité des eaux s'est augmentée, *accrue*.

Quelquefois même l'eau a tellement *cru*, que le lit du ruisseau ne peut tout contenir; l'eau passe par dessus les rives, et se répand au delà. On dit alors que le ruisseau *déborde*. Les cours d'eau débordent assez souvent en hiver; et peut-être avez-vous vu, après une grande pluie, de petits ruisselets déborder de la même manière.

Souvent, au contraire, pendant l'été, il se passe des semaines sans qu'il tombe de pluie. Alors la plupart des sources n'étant plus *alimentées*, ne laissent couler que très-peu d'eau, les fontaines se dessèchent plus ou moins, et les ruisseaux, presque à sec, laissent voir à découvert le sable et les cailloux qui sont au fond de leur lit. Le peu d'eau qui s'y trouve encore coule lentement et sans bruit : cela s'appelle les *basses-eaux*.

Qu'est-ce qu'un affluent?
Qu'est-ce que le *confluent* de deux cours d'eau ?
S'il tombe une grande pluie dans la vallée ou dans la plaine, qu'arrive-t-il au ruisseau?
Qu'appelle-t-on la *crue* des eaux ?
Qu'appelle-t-on les *basses-eaux?*

IX. Les grands cours d'eau.

Tout ce que nous avons dit du petit cours d'eau, du ruisseau, nous pouvons le dire également de la rivière, mais en l'agrandissant à proportion.

La rivière sort d'une *source* comme le ruisseau ; son eau coule sans cesse dans la même direction, et cela s'appelle le *cours* ou le *courant* de la rivière. Quand les bateaux avancent en suivant le sens du courant, on dit qu'ils *descendent* la rivière; s'ils vont dans le sens opposé au courant on dit qu'ils la *remontent*.

La rivière a sa *rive droite* et sa *rive gauche*, que vous reconnaîtrez comme celles du ruisseau. Tous les ruisseaux et autres cours d'eau qui viennent se joindre à cette rivière sont ses *affluents*. L'endroit où un affluent se réunit à la rivière est l'embouchure de l'affluent et en même temps le confluent des deux cours d'eau.

Quand le lit de la rivière a peu de pente, son

Petite rivière.

cours est paisible comme le cours de la petite rivière figurée sur notre dessin; quand au contraire il a beaucoup de pente, il se forme des *rapides* assez forts pour entraîner un petit bateau

comme un ruisseau emporte un brin d'herbe;
ce qui est très-dangereux. S'il y a une chute,
cette grande quantité d'eau qui se précipite de
haut en écumant produit un grand bruit[1].

Enfin les rivières ont aussi leurs *crues*, quand
il est tombé de grandes pluies dans le pays
qu'elles traversent, quand les ruisseaux gonflés,
ou les torrents des montagnes leur apportent
beaucoup d'eau. Elles débordent comme les ruisseaux, quand leur lit ne peut plus contenir la
masse de leurs eaux. Alors la partie la plus basse
des vallées ou des plaines devient comme un
lac; c'est ce qu'on appelle une *inondation*. Pendant l'été, au contraire, quand les ruisseaux
sont presque à sec, les rivières ne recevant que
peu d'eau de leurs affluents, ont aussi leurs
basses-eaux.

Et maintenant, que dirons-nous du fleuve?
une seule chose que nous n'ayons pas dite des
ruisseaux et des rivières : comme les autres
cours d'eau, un fleuve a sa source, ses rives,
ses affluents, etc. Mais ce que le fleuve a de par-
ticulier, c'est qu'il va toujours jusqu'à la mer[2].

---

1. Voyez l'image de la page 13.
2. Ou jusqu'à un très-grand lac que son étendue fait
alors appeler : mer.

Ainsi un fleuve est un cours d'eau qui a pour affluents des ruisseaux et des rivières, et se déverse dans la mer. L'endroit où les eaux d'un

Le fleuve : la Seine à Rouen.

fleuve arrivent à la mer est l'*embouchure* du fleuve.

Les fleuves ont quelquefois un cours très-long, et traversent une grande étendue de pays; leur lit est large, profond, on y peut faire naviguer de grands bateaux. Il y a aussi des rivières larges et profondes, de même qu'il y a de petits fleuves sans importance.

Souvenez-vous, mes enfants, que toute l'eau qui coule dans les ruisseaux, les torrents, les rivières, les fleuves, vient :

1° des sources.

2° des pluies.

3° de la fonte des neiges sur les hautes montagnes.

Une *rivière* a-t-elle, comme un ruisseau, une *source*, un *courant*, une *embouchure?* une *rive droite* et une *rive gauche?* des *affluents* et des *confluents?*

Une rivière peut-elle avoir des *rapides?* des *chutes?*

Les rivières ont-elles des crues? Débordent-elles quelquefois? Ont-elles aussi leurs *basses-eaux?*

Les fleuves ont-ils aussi une *source*, un *courant* une *embouchure?* etc., etc.

Où se trouve l'embouchure des fleuves?

D'où vient toute l'eau qui coule dans les rivières, les fleuves, les ruisseaux et les torrents?

X. La rive de l'étang et du lac.

Si vous n'avez pas vu de beaux et grands étangs, vous avez du moins vu à la campagne de petites mares formées par la pluie dans les endroits creux. L'étang est semblable à ces mares, mais il est beaucoup plus vaste. Quand il ne fait pas de vent, la surface des eaux de l'étang est unie et tranquille; on y voit l'image renversée des arbres et des nuages. Cette eau paisible paraît bleue quand il fait beau parce qu'elle reflète le ciel qui alors est bleu. S'il fait du vent, au contraire, l'eau devient agitée, et forme des rides, semblables à de petites vagues.

Vous vous demandez peut-être d'où vient l'eau de l'étang? Est-ce la pluie qui est tombée sur cet espace? Sans doute, mes petits amis, la pluie y est pour quelque chose; il peut aussi y avoir des *sources* au fond de l'étang; mais comme nous vous l'avons déjà dit, presque toujours un ou plusieurs ruisseaux aboutissent à cet endroit creux; leurs eaux y descendent : c'est ainsi que l'étang est rempli.

Mais s'il arrive toujours de l'eau dans l'étang, comment se fait-il qu'il ne s'agrandisse pas de plus en plus en inondant ses rives? Quand un vase est plein, si on y verse encore de l'eau, qu'arrive-t-il? le vase déborde, et le surplus de l'eau s'écoule au dehors. C'est justement ce qui a lieu pour la plupart des étangs. Quand le creux est rempli, l'eau continuant d'arriver, l'étang déborde par un canal, qu'on appelle le *déversoir*, en formant ordinairement une chute. Le trop plein de l'eau qui s'écoule par le déversoir s'en va au loin former ou alimenter d'autres ruisseaux.

Vous avez remarqué sans doute que le bord, la rive de l'étang n'est pas taillée en ligne régulière, à moins que ce ne soit un étang fait de main d'homme, un bassin, une pièce d'eau creusée dans un jardin et à laquelle on a donné une forme ronde ou carrée. La rive d'un étang qui s'est produit naturellement est comme découpée. **En certains** endroits une portion de terre, un rocher, s'avance vers le milieu de l'eau. **Cette avancée** de terre ou de rocher s'appelle une *pointe*. **Vous** pouvez même l'appeler un *cap*, pourvu qu'il soit bien entendu que c'est un cap en miniature.

En d'autres endroits, c'est le contraire. **La** rive de l'étang, au lieu de s'avancer en pointe, forme une échancrure où l'eau vient s'étaler : c'est une petite *anse*, nous l'appellerons même une *baie*, en faisant la même observation que pour le cap.

Il y a aussi quelquefois de petites îles au milieu d'un étang. D'autres fois, près de la **rive**, on voit de petites portions de terre **qui sont** presque séparées du bord. **L'eau ne les entoure** pas complétement, mais il ne s'en faut **pas de** beaucoup ; ces portions de terre **sont presque** des îles, on les appelle à cause de cela des *presqu'îles*. Une presqu'île ne tient à la terre que par un étroit passage ; ce passage ou cette bande de terre qui rattache la presqu'île à la rive, se nomme un *isthme*, mot étranger qui veut dire : bande étroite (*col*).

Un lac, avons nous dit l'année dernière, c'est

Le lac et ses rives.

un étang très-vaste. Ce que nous avons remarqué sur l'étang nous pourrions l'observer sur le lac, mais avec de plus grandes dimensions. Ainsi la rive du lac est dentelée, et forme des *pointes*, des *baies*, des *presqu'îles*. Souvent des ruisseaux, et des rivières déversent leurs eaux dans le lac; une partie de ces eaux le traversent, s'écoulent par l'autre bord, et forment une rivière ou un fleuve qui continue sa route à travers le pays. Enfin on navigue sur les lacs, non plus seulement dans de petites barques, mais dans de grands bateaux, comme ceux qu'on fait flotter sur les grands fleuves.

D'où vient l'eau des *étangs?*
Que devient le surplus de l'eau qui s'écoule d'un étang, quand il est rempli?
Comment appelle-t-on l'endroit par où s'écoule cette eau?
Que devient-elle?
Qu'appelle-t-on une *pointe?*
Qu'appelle-t-on une *anse?*
Qu'est-ce qu'une *presqu'île?*
La rive des *lacs* a-t-elle aussi des pointes, des anses?
D'où vient l'eau qui remplit les lacs?
Que devient le surplus de l'eau que la rivière déverse dans le lac?

XI. Le marais.

Il y a quelquefois dans les plaines, des parties dont le sol est plus bas que le reste du terrain; ces endroits sont toujours inondés. La pluie qui y tombe ne peut s'écouler, parce qu'il n'y a pas assez de pente; elle y séjourne donc, et forme une multitude de petites mares et d'étangs peu profonds. Dans ces mares l'eau est presque toujours bourbeuse. Le fond en est couvert d'un limon épais et noir. Tout autour le sol est humide, et le pied y enfonce. Les joncs, les roseaux, les plantes qui se plaisent dans

Le marais.

l'humidité y croissent en abondance. Cette partie de plaine, toute entrecoupée de petites mares, se nomme un *marais*, ou un *marécage*.

L'eau d'un marais n'est pas aussi bonne à boire que celle d'un ruisseau ou d'une rivière ;

elle n'est pas saine; le limon qui la trouble lui donne mauvais goût et mauvaise odeur. Cette odeur et l'humidité qui s'élève des eaux, se répandent dans l'air, de sorte que l'air des marais est malsain à respirer.

Qu'appelle-t-on un marais?
Y croît-il des plantes aquatiques?
L'eau d'un marais est-elle saine à boire?
L'air qui est au-dessus des marais est-il sain à respirer?

————

XII. La mer et ses rivages.

Nous avons déjà parlé bien des fois de la mer, mes petits amis. Et pourtant, si vous ne l'avez pas vue, vous aurez peine, sans doute, à vous figurer une étendue d'eau si vaste. Imaginez-vous, si vous le pouvez, un lac tellement immense, que pour le traverser dans un grand navire qui avance jour et nuit, il faut des mois entiers !

La surface de la mer a toujours des *vagues*, et ce sont ordinairement des vagues plus hautes que celles des étangs. Quand il fait beaucoup de vent, les vagues de la mer s'élèvent si haut qu'on dirait des collines d'eau mouvante;

La mer et ses vagues.

et au lieu de produire un léger clapotement comme font les petites vagues d'un étang en mourant sur le bord, les vagues de la mer se brisent sur le rivage en faisant un grand bruit, si grand parfois qu'il ressemble au tonnerre.

Le rivage de la mer, appelé aussi la *côte*, est découpé, dentelé, comme la rive des étangs et celle des lacs ; il l'est même beaucoup plus encore. La côte forme donc par endroits de grandes pointes de terre qui s'avancent dans la mer ; ce sont des *caps*, de vrais caps cette fois.

Ailleurs c'est la mer qui s'avance et forme dans la côte de grandes échancrures qu'on appelle des *anses* ou des *baies* quand elles ont peu d'étendue, des *golfes* quand elles sont plus vastes encore.

Les rivages de la mer forment aussi de grandes *presqu'îles* rattachées à la terre par des *isthmes*.

Enfin, dans la mer, qu'on nomme aussi l'*océan*, il y a beaucoup d'îles ; les unes sont isolées, les autres sont réunies en groupes. Un grand nombre d'îles réunies en groupe forment ce qu'on nomme un *archipel*.

Quel autre nom donne-t-on à la mer?

L'océan a-t-il toujours des vagues?

Sont-elles d'ordinaire plus grandes que les petites vagues de l'étang?

Comment appelle-t-on les *rives* de la mer?

La *côte* est-elle *découpée* comme la rive de l'étang ou du lac?

Qu'est-ce qu'un *cap*?

Qu'est-ce qu'une *baie?* — Un *golfe?*

Y a-t-il de grandes *îles* dans l'océan?

Comment appelle-t-on un groupe d'îles?

LA TERRE HABITÉE.

I. Le hameau.

Vous avez souvent aperçu dans vos promenades, des fermes, des maisonnettes isolées au milieu des champs. En d'autres endroits, au contraire, vous avez rencontré plusieurs maisons bâties les unes auprès des autres, avec leurs cours, leurs jardins, leurs étables ou leurs bergeries. Ceux qui habitent ces maisons avec leur famille sont ordinairement des *cultivateurs* ou des *pasteurs*. Ce groupe de maisons est ce qu'on appelle un *hameau*.

Pourquoi donc ces hommes sont-ils venus bâtir leurs maisons les unes auprès des autres, tandis qu'il y avait tant de place plus loin, dans les champs? Ils y sont venus, pour vivre les uns près des autres, pour s'entr'aider, pour avoir des voisins, des amis, avec lesquels ils pussent s'entretenir : pour cuire leur pain au même four, puiser leur eau au même puits, au lieu de se construire chacun un four, de se creuser chacun un puits. Les hommes se réunissent mes chers enfants, pour vivre en *société*, suivant l'ordre de Dieu et les besoins de leur nature.

Pour vivre en vraie et bonne société il faut s'entr'aider. Que ceux qui ne veulent pas secourir autrui s'en aillent vivre tout seuls, comme les loups, au fond des bois.

Qu'est-ce qu'un *hameau*?
Quels sont, d'ordinaire, les habitants du hameau?
Pourquoi les hommes ont-ils ainsi rapproché leurs demeures?

II. Le village.

Lorsque au lieu de quelques maisons s'avoisinant, il y en a davantage, une centaine environ, cette réunion plus considérable s'appelle un *village* ou un *bourg*.

Les maisons d'un village sont ordinairement bâties des deux côtés du chemin. Dans les bourgs un peu grands, il y a une église et une *mairie*. Vous savez déjà que l'église est le lieu où les chrétiens se réunissent pour prier ; quant à la *mairie*, nous vous expliquerons plus tard, mes chers enfants, à quoi sert cet édifice.

Dans les bourgs où il y a une église et une mairie, il y a ordinairement une école, où se réunissent chaque matin les enfants de l'en-

Le village.

droit, et ceux des hameaux d'alentour, comme vous faites aussi, chers petits, pour apprendre à lire, à écrire, à calculer, pour s'instruire et devenir raisonnables et bons.

Le village où il y a une *mairie* s'appelle une *commune*, parce que la mairie, et plusieurs autres choses encore, sont *communes* à tous les habitants.

Qu'est-ce qu'un village?

Comment appelle-t-on encore le village où il y a une mairie?

III. La ville.

Il n'est pas besoin de vous apprendre, mes enfants, ce que c'est qu'une ville; vous savez qu'une ville est une grande réunion de maisons, et par conséquent d'habitants.

Les maisons de la ville sont plus grandes et plus belles que celles des villages, elles sont bien alignées; les rues sont pavées; il y a des places, des édifices. Mais il n'y a ni champs, ni prairies; on y voit peu d'arbres et peu de jardins, parce que les maisons, serrées les unes contre les autres, ne laissent pas d'espace pour la culture.

Les habitants des villes sont des ouvriers qui fabriquent les objets dont nous avons besoin; des marchands qui vendent toutes ces choses; des gens riches qui vivent de leur fortune; enfin des personnes de toutes les professions, excepté des cultivateurs, puisqu'il n'y a dans les villes ni champs ni pâturages.

Toutes les villes ne sont pas également éten-

dues, et n'ont pas le même nombre d'habitants.
Il y a, comme vous l'avez entendu dire, de petites et de grandes villes; la plus importante
dans chaque pays est appelée la *capitale*.

Qu'est-ce qu'une ville?
Que voit-on dans les villes?
Quels sont les habitants des villes?
Comment appelle-t-on la ville la plus importante d'un
pays?

IV. La contrée et la nation.

Dans ces vastes étendues de terrain qu'on
appelle des *contrées*, il y a, mes enfants, un
très-grand nombre de hameaux, de villages,
de villes et même de grandes villes; il s'y
trouve donc réunie une grande multitude d'habitants.

Les habitants d'une contrée parlent ordinairement la même langue; ils ont à peu près la
même manière de vivre, et forment ensemble
ce qu'on appelle un *peuple* ou une *nation*.

On désigne les habitants d'une contrée par
un nom qui rappelle celui de cette contrée.
Ainsi, nous qui sommes habitants de la contrée
qu'on appelle la France, nous sommes désignes
par le nom de Français. La France est notre

patrie. Tous les Français réunis forment le *Peuple français* ou la *Nation française*.

Chaque partie du monde (vous savez qu'il y en a cinq) contient plusieurs contrées, et par conséquent plusieurs peuples, plusieurs nations.

Qu'appelle-t-on une contrée?
Qu'est-ce qu'un peuple? une nation?
Quelle contrée habitons-nous?
Quelle est notre *patrie*?
Comment s'appelle la réunion de tous les Français?
Y a-t-il plusieurs contrées et plusieurs nations, dans chacune des cinq parties du monde?

V. Les voies de communication.

Les hommes, disions-nous mes enfants, ne peuvent vivre isolés, Dieu les ayant faits *sociables*; il ne leur suffit même pas de communiquer avec leurs plus proches voisins. Les gens du hameau ont besoin d'aller à la ville, et ceux de la ville d'aller au hameau. Vous savez cela, car si petits que vous soyez, vous avez déjà fait ces voyages, et avec un grand plaisir sans doute.

Pour se promener d'un hameau à un autre, on peut suivre de petits sentiers le long des haies, à travers les champs. Mais quand il faut aller au village, amener les moissons au grenier, ces petits sentiers ne suffisent plus, il en faut de plus larges où les voitures puissent passer ; c'est pour cela qu'on a tracé dans la campagne des chemins conduisant d'un village à un autre.

Pour aller du village à la ville, d'une ville à une autre ville, il faut des chemins plus larges encore, puisqu'il y a plus d'habitants dans les villes, et par conséquent plus de voyageurs.

Les routes, qui servent aux voyageurs, ont encore une autre utilité, à laquelle vous ne pensez peut-être pas.

Quand nous avons besoin de quelque chose que nous ne pouvons fabriquer nous-mêmes, il nous faut l'acheter. Nous allons chez le marchand qui a cette chose ; il nous la vend, et en échange nous lui donnons de la monnaie. Vendre et acheter, c'est ce qu'on appelle faire du *commerce*, faire des échanges.

Mais les choses qui nous sont nécessaires et qu'il nous faut acheter ne se trouvent pas partout ; il faut aller les chercher là où elles se trouvent ; et quelquefois c'est bien loin. Par exemple, à la ville il ne croît ni blé, ni vigne, pourtant on y mange du pain, on y boit du vin; il faut donc qu'on y apporte ce blé et ce vin. **A** la campagne, au contraire, on ne fabrique pas d'étoffes; on n'y fabrique pas non plus tous les outils des travailleurs; il faut donc aller chercher à la ville les étoffes, les outils, etc.

Pour transporter d'une ville dans une autre toute cette quantité de choses nécessaires qu'on vend et qu'on achète, il faut avoir des routes, de bonnes routes, car les voitures ne peuvent aller à travers champs. Vous voyez donc combien les chemins sont indispensables.

Toutes les routes qui unissent les villages aux villes, les villes entre elles, et les contrées avec les contrées, en permettant d'aller facilement de l'une à l'autre, sont appelées des *voies de communication*, ce qui veut dire justement qu'elles servent aux hommes à communiquer les uns avec les autres.

A quoi servent les chemins?
Qu'est-ce que le commerce?
Qu'appelle-t-on *voies de communication?*
Pourquoi les routes sont-elles appelées ainsi?

VI. Montagnes et fleuves de France.

Ne voudriez-vous pas, mes chers enfants,

connaître ce qu'il y a de plus intéressant dans l'aspect de chaque contrée, et dans la manière de vivre de ses habitants? oui, ce récit vous plairait, nous en sommes bien sûrs. Mais par où faut-il commencer? Naturellement par le pays que nous habitons, par la France, notre patrie.

La France, donc, est une grande contrée. Toute les parties de cette contrée n'ont pas le même aspect; en certaines parties de la France, il y a de grandes plaines; en d'autres ce sont des chaînes de collines avec des vallées; ailleurs enfin il y a de hautes montagnes.

Si vous connaissez seulement un peu les environs de la ville ou du village que vous habitez, vous savez que chaque colline, chaque source, chaque ruisseau a un nom. Pourquoi cela? c'est afin de pouvoir distinguer, quand on en parle, cette colline ou ce ruisseau des autres collines et des autres ruisseaux. Pour la même raison, les montagnes, les rivières et les lacs d'un pays ont chacun leur nom.

Il y a en France bien des groupes et des chaînes de montagnes. Pour cette fois nous allons vous citer seulement le nom des plus grandes, des plus importantes, dont vous entendrez souvent parler.

A l'intérieur de la France, se trouve une chaîne de montagnes appelée les *Cévennes,* puis une autre nommée les monts d'*Auvergne ;* plus tard nous vous dirons sur cette dernière des choses très-intéressantes. Plus près du contour de la France est une autre chaîne de montagnes presque entièrement couverte de forêts ; on l'appelle la chaîne des *Vosges.* Enfin, tout à fait sur la limite, trois autres chaînes : l'une appelée *le Jura ;* et les deux autres, formées des plus belles et des plus hautes montagnes : la chaîne des *Alpes,* et celle des *Pyrénées.* Dans ces deux dernières chaînes, le sommet de la plupart des montagnes est toujours couvert de neige.

Ainsi : 1° les monts Cévennes ; 2° les monts d'Auvergne ; 3° les Vosges ; 4° le mont Jura ; 5° les Alpes ; 6° les Pyrénées ; voilà, mes enfants, six noms de chaînes de montagnes qu'il vous faut retenir.

Il y a en France plus de cent rivières dont vous apprendrez plus tard à connaître le cours. Il y a aussi plusieurs fleuves, dont les quatre plus grands sont : la *Seine,* la *Loire,* la *Garonne* et le *Rhône.*

Quelles sont les principales chaînes de montagnes du centre de la France ?

Quelles sont les principales chaînes situées vers les contours de la France ?

Y a-t-il beaucoup de rivières en France ?

Citez les quatre grands fleuves qui ont leurs cours en France.

VII. Climat et culture.

Ainsi que nous vous l'avons déjà dit, mes enfants, le *climat* de la France est *tempéré ;* cela signifie qu'il n'y fait jamais ni extrêmement froid, ni extrêmement chaud.

Pourtant, penserez-vous, il fait bien froid l'hiver ! — C'est vrai, mais ce froid n'est rien en comparaison du froid qu'il fait dans les climats glacés. — Et l'été il fait bien chaud, dites-vous encore ! — C'est encore vrai, mais cette chaleur est peu de chose en comparaison de la chaleur qu'il fait dans certains pays, où le climat est toujours brûlant.

Comme le froid, chez nous, n'est pas assez fort pour détruire nos végétaux, ni la chaleur assez ardente pour les dessécher, le climat de la France permet au sol de produire des plantes de beaucoup d'espèces. Il se trouve bien en quelques endroits, sur les montagnes par exemple, et dans les marais, des terrains qu'on ne peut ensemencer; mais partout ailleurs il y a de beaux champs, où l'on cultive le blé, l'orge, le seigle. Il y a aussi des vignes; de vastes prairies, où on élève des bœufs, des vaches, des moutons et des chevaux.

C'est que, mes chers enfants, il faut beaucoup de plantes alimentaires, et beaucoup de bestiaux, pour nourrir tous les habitants de la France. Il y a un si grand nombre de hameaux et de villages, et il y a tant de villes aussi!

Quel est le climat de la France?
Le *sol* de la France est-il *fertile?*
Citez quelques-unes des principales productions du sol de la France?

VIII. Les grandes villes de France.

Pour le moment, apprenons seulement le nom des plus grandes villes de France, de celles dont vous entendrez souvent parler.

D'abord *Paris*, la plus importante de toutes les villes de notre pays, et celle où il y a le plus grand nombre d'habitants.

Paris est bâti sur les deux rives de l'un des grands fleuves que nous avons nommés: la Seine. A Paris, mes enfants, les ouvriers fabriquent tant de belles choses que nous n'en finirions pas de vous les énumérer ; nous en parlerons plus tard.

C'est à Paris que réside le gouvernement de la France : la ville de Paris est la *Capitale* de notre patrie.

Puis *Marseille*, grande ville bâtie sur le rivage de la mer, près de l'embouchure du Rhône. Beaucoup de navires viennent y apporter des marchandises qu'ils ont été chercher au loin, souvent dans d'autres parties du monde.

Bordeaux, près de l'embouchure de la Garonne. Dans les campagnes autour de cette ville on cultive beaucoup de vignes, et on fait d'excellents vins qu'on appelle vins de Bordeaux.

Nantes, sur la Loire, près de son embouchure. Beaucoup de navires arrivant de longs voyages, remontent la Loire jusqu'à Nantes.

Ces trois villes : Marseille, Bordeaux, Nantes, sont donc situées près des côtes.

Lyon est bâti sur les rives du Rhône ; c'est à Lyon que des ouvriers fabriquent les belles étoffes de-soie.

A *Rouen*, sur la Seine, ce sont des étoffes de coton et de laine que l'on fabrique.

A *Lille*, on fabrique des toiles de lin et des dentelles.

Enfin citons encore *Strasbourg*, où il y a une église dont le clocher est très-élevé et merveilleusement beau.

Et *Toulouse*, dont le climat est chaud, et où se trouvent de vieux édifices fort curieux.

Citez les plus grandes villes de France?

Qu'est-ce que Paris? Sur quel fleuve est bâtie cette ville?

Où est bâtie Marseille?

Vient-il des navires à Marseille?

En vient-il à Bordeaux? Sur quel fleuve est cette ville?

Quel est le principal produit du territoire de Bordeaux?

Quelle autre ville pouvez-vous citer qui soit près de la mer?

Quelle est la ville bâtie sur les rives du Rhône?

Sur quel fleuve est bâtie la ville de Rouen?

Que fabrique-t-on à Lyon? à Rouen? à Lille?

Qu'y a-t-il de remarquable à Strasbourg? à Toulouse?

IX. Les cinq parties du monde.

Au delà de la France il y a d'autres contrées, telles que l'Angleterre, habitée par les Anglais; l'Allemagne, habitée par les Allemands; l'Italie, l'Espagne et la Russie, habitées par les Italiens, les Espagnols, les Russes. Ces contrées forment, avec notre France, cette partie du monde qu'on appelle l'EUROPE.

Nous vous en parlerons en détail l'année prochaine.

Disons maintenant un mot des quatre autres parties du monde.

A côté de l'Europe est l'ASIE, qui a beaucoup plus d'étendue.

L'Asie renferme plusieurs vastes contrées.

Les plus intéressantes pour nous sont : l'*Arabie*, grand pays très-chaud, très-aride en certaines parties, d'où nous faisons venir du café, et d'où les *Arabes* sont originaires.

L'*Inde*, une belle contrée très-chaude aussi, où vivent les *Hindous*, et d'où nous faisons venir du riz.

La *Chine*, où nos navigateurs vont chercher du thé, et d'où ils apportent des vases de porcelaine, et toutes sortes d'objets curieux, fabriqués par les *Chinois*.

D'un autre côté de l'Europe est l'AFRIQUE, immense pays où il croît beaucoup de palmiers, et dont certaines parties sont les pays les plus chauds de toute la terre. Il y a en Afrique

plusieurs contrées, mais nous ne vous en cite-
rons que deux : l'*Égypte*, dont vous avez déjà
entendu parler, et l'*Algérie* qui est gouvernée
par la France.

En certaines contrées de l'Afrique vivent des
Arabes, frères des Arabes d'Asie; le reste est
habité presque uniquement par des hommes
dont la peau est noire, et qu'on appelle pour
cette raison des *noirs*, ou des *nègres*, ce qui signifie exactement la même chose.

Ces trois parties du monde, l'Europe, l'Asie
et l'Afrique, se touchent, et forment ce qu'on
appelle l'*ancien continent*, mot qui signifie que
cette terre *continue* est connue *anciennement*,
c'est-à-dire depuis longtemps.

Autrefois, on ne connaissait pas d'autre continent que celui-là. Il en existait pourtant deux
autres, mais on ne le savait pas; les navigateurs *européens* n'étaient jamais allés du côté
où ils se trouvent. Mais enfin, il y aura bientôt
quatre cents ans, un navigateur italien décou-
vrit un autre continent, celui qu'on appelle aujourd'hui l'AMÉRIQUE.

C'est une belle et intéressante histoire que celle
de cette découverte, on vous la racontera un jour.

L'Amérique forme à elle seule une vaste étendue qu'on appelle le *nouveau continent*, c'est-à-dire le continent nouvellement découvert.

Dans l'Amérique, sont les plus belles forêts et les plus vastes prairies du monde. On appelle les habitants de ce pays des *Américains*.

La cinquième partie du monde, l'Océanie, est formée d'un continent moins grand que les deux autres, qu'on appelle l'*Australie*; et d'une multitude d'îles, grandes et petites.

Le climat de presque toutes les îles de l'Océanie est très-chaud. Il y croît beaucoup de cocotiers, sortes de palmiers dont les fruits sont les noix de coco. En Australie, on voit une foule d'animaux et de plantes très-différents de ceux qu'on trouve dans les autres parties du monde. On vous les fera connaître plus tard.

Les hommes qui habitent l'Océanie sont presque tous noirs ou brun foncé. Leur ignorance, qui est profonde, en fait des peuplades sauvages et misérables.

Citez les cinq parties du monde?
L'Asie est-elle vaste ?
Citez les contrées les plus remarquables de l'Asie ?
Quelle est l'industrie la plus remarquable des Chinois ?

L'Afrique a-t-elle une grande étendue?

Citez les plus célèbres contrées de l'Afrique?

Quels sont les habitants de l'Afrique?

Quelles sont les trois parties du monde qui forment l'*ancien continent*?

Comment s'appelle la partie du monde qui forme le nouveau continent?

Pourquoi appelle-t-on l'Amérique le *nouveau* continent?

Comment se fait-il qu'on ne le connût pas autrefois?

Qu'est-ce que l'Océanie?

De quoi est composée cette partie du monde?

Les îles de l'Océanie ont-elles un climat chaud?

Comment appelle-t-on le continent ou la principale terre de l'Océanie?

Dans quel état sont les habitants de l'Océanie?

X. La carte géographique.

Vous allez peut-être, mes enfants, demander à voir un dessin de tous ces pays, dont on ne vous fait encore qu'une simple description.

« Quand vous nous décrivez une plante ou un animal, allez-vous dire, vous nous montrez un dessin représentant cette plante ou cet animal, nous comprenons mieux alors, et nous avons plus de plaisir. »

C'est juste, mes enfants; c'est pourquoi nous vous avons montré, par exemple, un dessin représentant une montagne quand nous vous décrivions la montagne, etc. Pour que vous compreniez bien la description d’un pays, il faut, en effet, que vous ayez la représentation de ce pays.

Le dessin d’un pays s’appelle une *carte de géographie*. Mais pour comprendre une carte de géographie, il faut connaître certaines choses que vous ne savez pas encore. A l’année prochaine donc! Si dès cette année vous étudiez bien votre petite géométrie, elle vous servira à comprendre la carte, elle vous préparera à y reconnaître les contrées et les villes, les montagnes et les fleuves. Alors nous vous raconterons beaucoup de choses que bien certainement vous ne comprendriez pas exactement aujourd’hui.

Qu’est-ce qu’une *carte de géographie*?

LA FORME DE LA TERRE.

I. Le globe.

Avant de quitter la géographie, mes petits amis, nous voulons pourtant vous apprendre une chose qui vous semblera peut-être bien étonnante.

Imaginez-vous que nous partons pour un grand voyage. Nous avons pris la résolution bien arrêtée d'aller toujours tout droit devant nous, sans tourner ni à droite ni à gauche. Vous comprenez qu'alors il nous sera impossible de suivre les routes, car les routes font beaucoup de détours. Nous franchissons donc les collines et les montagnes qui se trouvent sur notre passage; nous traversons les forêts; si une rivière ou un fleuve nous barre le chemin, nous le passons en bateau, et ainsi nous parcourons le grand continent depuis un bout jusqu'à l'autre. Nous arrivons au bord de la mer, qu'allons-nous faire? Nous embarquer dans un navire, et continuer d'avancer toujours dans la même direction. Nous traversons la mer. Quand nous sommes arrivés sur l'autre rivage, nous débarquons du navire, et nous nous remettons à marcher encore tout droit.

Mais à force d'avancer toujours, toujours, il vous semble, n'est-ce pas, que nous devrions arriver au bout de la terre, à la fin des champs, des bois, de la mer; à un endroit enfin où il n'y a plus rien? Eh bien non, mes enfants, on peut avancer toujours sans arriver jamais au bout; et même, chose étonnante, quand nous aurons marché ainsi pendant longtemps, quand nous aurons fait *dix mille lieues* dans la même direction, savez-vous ce qui se montrera à nos yeux? Vous ne le devineriez jamais!... le clocher de notre ville, ou de notre village! Nous serons revenus juste à l'endroit d'où nous étions partis !

Comment cela peut-il se faire?

Cela se peut, mes enfants, parce que la *terre est ronde.*

La terre est ronde! nous allons vous expliquer cette phrase que sans doute vous avez déjà entendu dire, mais sans vous en faire une idée èxacte.

Prenons une grosse boule, la plus grosse que vous pourrez trouver; votre ballon par exemple. Sur cette boule nous plaçons une toute petite fourmi, et pour marquer l'endroit où nous la plaçons, nous y faisons un point. Alors nous voyons notre fourmi voyager, et si nous l'empêchons de se détourner d'un côté ou de l'autre, elle va droit devant elle. Nous voyons qu'elle fait le tour de la boule; et nous pourrions d'avance tracer avec une aiguille ou un crayon le chemin qu'elle va parcourir. Lorsqu'elle aura fait le tour en suivant toujours la même direction, elle sera revenue, par l'autre côté, juste au point marqué d'où elle était partie.

Eh bien, mes enfants, puisque nous aussi, quand nous voyageons comme nous le supposions tout à l'heure, en allant toujours droit devant nous, nous revenons juste à l'endroit d'où nous sommes partis, c'est que nous faisons comme la fourmi, le tour d'une *boule*, d'une boule immense, qui est la terre. Et quand nous disons : la terre est ronde, cela ne veut pas dire ronde comme une galette, qui est ronde du contour seulement et plate des deux côtés; la terre est arrondie dans tous les sens, elle a la forme d'une *sphère* ou, comme on dit aussi, d'un *globe*.

C'est pourquoi, lorsque nous voulons représenter la terre, nous prenons une boule qu'on appelle un *globe terrestre*, c'est-à-dire un globe *figurant la terre*.

Si nous avancions toujours droit devant nous, sans dévier ni à droite ni à gauche, où arriverions-nous ?

Qu'est-ce que cela prouve quant à la forme de la terre?

La terre est-elle ronde comme une galette ou comme une boule ?

Qu'appelle-t-on une *sphère ?*

Un *globe ?*

Qu'appelle-t-on un *globe terrestre ?*

II. La position des eaux.

Supposons maintenant que le globe qui nous représente la terre, soit couvert, à sa surface, d'une petite épaisseur d'eau, comme si on l'avait trempé dans la fontaine, et qu'on l'eût retiré sans l'essuyer. Nous aurions une sphère *solide*, recouverte d'une mince couche de *liquide*. Si cette sphère est parfaitement unie, l'eau sera répandue également sur toute sa surface, il y en aura partout la même petite épaisseur. Mais imaginons que la sphère, au lieu d'être parfaitement unie, est comme gaufrée en certains endroits, qu'elle a de petites bosselures, que ces parties plus saillantes s'élèvent au-dessus de la couche liquide et sont à sec, tandis que le reste de la surface est couvert d'eau.

Eh bien, mes enfants, la terre est dans ce cas : c'est une grosse sphère solide, couverte d'une couche de liquide sur une grande partie de sa surface; et cette couche de liquide, c'est l'eau de la mer, c'est l'océan[1].

Si la surface de la terre était parfaitement unie, il y aurait de l'eau partout, l'océan la couvrirait complétement, il n'y aurait pas un

—

1. Voir le Manuel.

seul endroit à sec. Mais la surface de la terre n'est pas unie, au contraire, elle est montueuse; certains endroits sont plus saillants; de grandes étendues de terrains s'élèvent au-dessus de l'eau, comme une petite île de verdure s'élève au-dessus de l'eau d'un étang.

Ces grandes étendues qui sont à sec, parce qu'elles sont soulevées au-dessus de l'eau, ce sont les continents.

Puisque notre globe terrestre représente la terre, il faut, n'est-ce pas, y figurer tout cela, c'est ce qu'on a fait. Voyez : près des trois quarts de la *sphère terrestre* sont peints d'une couleur bleu-verdâtre qui représente la mer ; puis ces espèces de grandes taches grises, ir-régulières, bizarrement découpées, figurent les continents. Ces taches représentent en petit la forme, le contour de ces grandes étendues de pays dont nous vous avons parlé; et pour que vous sachiez quelle partie du monde est re-présentée par chacun de ces dessins, on y a écrit ces noms que vous connaissez déjà : Europe, Asie, Afrique, Amérique, Océanie.

L'eau est-elle répandue sur toute la surface de la terre ?

Comment se fait-il que certaines étendues de terre ne soient pas couvertes par l'eau ?

Comment représente-t-on la mer, sur le globe?

Comment y représente-t-on les continents ?

III. Les continents.

Vous apprendrez plus tard, mes enfants, à reconnaître sur le globe terrestre une foule de choses intéressantes ; si vous saviez tout ce qu'on peut apprendre avec cette petite boule qui représente la terre !

Dès maintenant, vous y voyez que la mer est plus vaste que tous les continents ensemble. En voyant que la teinte bleue entoure les grandes taches grises, vous vous imaginez comment les continents sont entourés d'eau de tous côtés ; et vous comprenez que ces continents sont des îles immenses, au milieu de l'océan plus immense encore.

Puis, relisez les noms écrits sur la sphère : remarquez-vous que cette partie du dessin où il est écrit *Europe*, est plus petite que les autres, où sont écrits les noms Asie, Afrique, Amérique, Océanie ?

C'est que l'Europe est la plus petite des

cinq parties du monde ; vous le saviez déjà, vous le voyez maintenant. Et là, presque au bout de l'Europe, distinguez-vous ce petit espace où est écrit le mot *France?* C'est cet espace qui représente notre patrie. Comme il est petit en comparaison de tout le reste des continents ! Pourtant la France est une grande contrée ! Alors faites-vous une idée de l'étendue de la terre, puisque le grand pays de France ne paraît rien en comparaison.

Vous faites, avec votre doigt, le tour du globe, et vous vous souvenez que nous vous disions : pour faire le tour de la terre en revenant à l'endroit d'où l'on est parti, il faut faire 10 000 lieues ; la terre a donc 10 000 lieues de tour[1].

Peut-être aussi qu'en regardant ce globe, et voyant qu'il y a des terres de plusieurs côtés opposés, vous vous êtes demandé s'il y a des habitants dans tous ces pays-là ? — Oui, il y en a. Mais alors, pensez-vous, les habitants d'un pays situé de l'autre côté de la sphère sont en dessous, ils ont la tête en bas ! ils vont

1. Lieues kilométriques.

tomber! Non, mes enfants, rassurez-vous, ils n'ont pas la tête en bas, ils ne tomberont pas ; nous allons vous expliquer pourquoi.

D'abord une sphère n'a, par elle-même, ni haut ni bas, ni dessus ni dessous, puisqu'elle est absolument semblable de tous les côtés. Nous pouvons tourner et retourner notre sphère dans tous les sens, il n'y a pas un seul endroit duquel nous puissions dire : cet endroit est le haut de la sphère, et celui-ci en est le bas.

Qu'est-ce donc que le haut et le bas? Le bas, pour nous, c'est ce qui est à nos pieds, n'importe où nous soyons; et le haut, c'est ce qui est du côté de notre tête.

Reprenons notre fourmi, et plaçons-la encore sur la boule. N'importe où elle ira, ses petites pattes seront toujours à la surface de la boule, et pour elle, *le bas* sera toujours cette surface qui figure le sol. Les habitants de la terre ayant aussi dans tous les pays les pieds appuyés sur le sol, n'ont donc pas la tête en bas, puisque le bas c'est le sol; leur tête est tournée du côté opposé au sol, qui est le côté du ciel, et ce côté c'est le haut.

Peuvent-ils tomber de dessus la terre? Pas davantage.

D'abord, mes enfants, qu'est-ce que tomber ? Prenez une pierre, et lâchez-la tout à coup sans la pousser. Elle tombe, c'est-à-dire elle va vers le sol, elle se rapproche de la terre et y reste ; tomber, c'est donc se rapprocher de la terre.

C'est la pesanteur, vous le savez, qui fait tomber les objets, et les retient posés sur la terre. Les hommes, comme tous les êtres et toutes les choses, sont *pesants* : ce qui veut dire que la pesanteur les attire toujours vers le sol, et les y tient appuyés. Quel que soit le pays où ils se trouvent, ils ne peuvent donc pas quitter la terre. Quitter la terre, ce serait aller en haut, monter ; et la pesanteur au contraire nous attire en bas, et nous retient sur le sol.

Les continents sont-ils entourés d'eau partout, comme des îles immenses ?

L'Océan est-il plus vaste que tous les continents réunis ?

Montrez sur le globe ce qui figure l'Europe ? l'Asie ? etc. La France ?

Puisque la France, qui est une grande contrée, paraît si petite en comparaison des continents, c'est donc que ces continents sont très-vastes ?

Combien la terre a-t-elle de lieues de tour ?

Peut-il y avoir des habitants sur tous les continents ?

Ces habitants ont-ils la tête en bas ?

Une sphère a-t-elle, par elle-même, un haut et un bas ?

Qu'est-ce que le bas ? — le haut ?

Qu'est-ce qui retient les hommes et les choses appuyés sur le sol ?

Les habitants des pays opposés au nôtre (montrez sur la sphère) peuvent-ils tomber de dessus la terre?

Qu'est-ce que tomber?

IV. Isolement de la terre.

Encore un mot, mes petits amis : qu'est-ce qui soutient la terre? Sur quoi est-elle posée, cette boule immense?

Les globes qui représentent la terre sont posés sur un pied ou suspendus à un fil; il faut bien les soutenir; sans cela ils tomberaient, parce qu'ils sont pesants. Mais la terre n'est posée sur rien, elle n'est suspendue à rien. Figurez-vous une de ces jolies bulles de savon, qui sont aussi des *sphères*, et qui flottent en l'air sans toucher à rien ; la terre flotte de même dans l'espace; elle n'a pas besoin d'être appuyée sur quelque chose.

Cela vous semble étonnant, sans doute; vous ne comprenez pas comment une si énorme boule peut flotter ainsi; plus tard nous vous apprendrons des choses qui vous feront voir que cela est tout naturel. En attendant, rappelez-vous ce que nous venons de vous expliquer, et que nous résumons ici :

1° La terre a la forme d'une sphère.

2° Une certaine épaisseur d'eau recouvre cette sphère sur les trois quarts de sa surface.

3° Les continents sont des parties de la terre plus saillantes, qui s'élèvent au-dessus des eaux.

4° Dans tous les pays de la terre les hommes sont dans la même position que nous, c'est-à-dire ont les pieds sur la terre, la tête vers le ciel; et la pesanteur les retient, ainsi que nous et toutes choses, solidement appuyés sur le sol.

5° La terre flotte dans l'espace, sans être appuyée ni suspendue.

Rappelez-vous cela, et l'année prochaine nous vous raconterons, non-seulement sur la terre, mais aussi sur le soleil, la lune et les étoiles, des choses plus merveilleuses que les récits les plus extraordinaires.

La terre est-elle posée sur quelque chose?
Est-elle suspendue à quelque chose ?
Flotte-t-elle dans l'espace, sans toucher à rien?
A quoi peut-on comparer la terre pour se faire une idée de sa position dans l'espace ?

NOTIONS USUELLES

SUR QUELQUES

PHÉNOMÈNES NATURELS

LES PROPRIÉTÉS DE LA MATIÈRE.

I. La matière et les matériaux.

Quand on vous présente un objet, mes chers enfants, vous voyez tout de suite quelle est sa couleur, et quelle est sa forme; mais pour bien connaître un objet, est-ce assez de distinguer sa couleur et sa forme? non, il faut encore savoir *en quoi* l'objet est fait.

Vous avez deux billes, elles ont la même forme et la même grandeur; ce sont deux petites boules, deux petites sphères de même grosseur. Pourtant vous voyez qu'elles ne sont pas pareilles, vous les distinguez facilement l'une de l'autre : l'une est d'un blanc épais comme le lait, c'est une bille de marbre; l'autre est incolore et claire comme l'eau, c'est une bille de verre. Vous voyez qu'elles ne sont pas faites de la même *matière*. La *matière* est ce en quoi les choses sont faites.

Ainsi, le marbre est une matière, le verre en est une autre. Le bois dont la table est faite est une matière, ainsi que la pierre dont la maison est bâtie, ainsi que le fer, le cuivre, le charbon, le sel. Enfin tout ce qu'on peut *voir et toucher* est une matière.

Si on vous demande : que faut-il pour faire une table ? Vous répondrez : il faut du bois. Si l'ouvrier n'avait pas de bois, comment ferait-il la table ? Si nous n'avions pas de pierres, nous ne pourrions bâtir un mur. Et si on vous disait : « Faites-moi un cahier »; vous répondriez : « Il me faut du papier. » Pour faire quelque chose, il nous faut donc toujours la *matière* de cette chose, ou comme on dit : des *matériaux*.

Et maintenant, c'est à vous d'examiner avec quelle matière sont faites chacune des choses que vous voyez.

Qu'est-ce que la *matière* des objets ?

Le fer, le bois, le papier, la pierre, etc., sont-ils des matières ?

Qu'est-ce qu'on appelle les *matériaux* d'un travail ?

II. La matière solide.

Reprenez votre bille de marbre, et regardez-la. Si vous ne la brisez pas, si vous ne l'usez pas, elle restera toujours telle que vous la voyez. Elle est ronde, elle restera ronde, elle ne deviendra ni plate, ni pointue. Si vous la mettez sur la terre, elle ne coulera pas comme de l'eau, et ne s'en ira pas en fumée. Tant qu'on n'y touchera pas, cette bille conservera la même forme; et si on veut la changer de forme, ou la partager en plusieurs morceaux, on trouve qu'elle a une certaine résistance.

Prenez un autre objet : un morceau de bois ; si vous le pressez avec les doigts, vous sentez une résistance; pour en détacher un morceau, vous êtes obligés de faire un effort.

Eh bien, tout ce qui garde naturellement sa forme, tout ce qui a une certaine résistance, tout ce qui ne coule pas comme l'eau, s'appelle *solide*.

Ainsi, votre encrier, votre crayon sont des objets solides. Le bois, la pierre, les métaux sont des matières solides.

Les choses qui peuvent se briser facilement comme le verre, la porcelaine, sont néanmoins des matières solides : vous savez que les objets faits de ces matières ont de la résistance quand on les touche, et qu'ils ne changent point de forme tout seuls.

Comment appelle-t-on une matière qui conserve. sa forme, et qui offre de la résistance si on la presse du doigt?

Comment reconnaissez-vous si une certaine matière est solide.

Citez des matières solides.

Le verre, la porcelaine et les autres matières fragiles sont-elles néanmoins des matières solides?

III. La matière liquide.

Autre chose maintenant.

Voici sur la table un verre rempli d'eau; si quelqu'un renverse ce verre, est-ce que l'eau y restera? Non; vous savez qu'elle coulera, elle se répandra sur la table, et de là sur le plancher.

Si nous voulons retirer l'eau de ce verre et ne pas la perdre, il faut absolument que nous la versions dans un autre vase.

Si vous voulez toucher cette eau, elle ne fait pas de résistance ; voyez, votre doigt y enfonce très-facilement.

Toutes les choses qui, de même que l'eau, coulent dès qu'elles ne sont pas contenues dans des vases, c'est-à-dire dans quelque chose de creux, sont des *liquides*. Ainsi le vin, le vinaigre, le lait, l'huile, etc., sont des liquides. Vous savez que si l'on penche le vase qui les contient, ou si l'on y fait un trou, une petite fêlure même, ces liquides s'écoulent : ils sont toujours prêts à s'échapper sitôt qu'ils trouvent un passage.

Malgré cela, les liquides sont encore de la matière, puisqu'on peut les voir et les toucher.

Qu'appelle-t-on un *liquide*?
Un liquide offre-t-il de la résistance au toucher?
Les liquides sont-ils de la matière?
Citez des liquides.

IV. La matière gazeuse (l'air).

Voilà donc que vous savez maintenant reconnaître les *solides* et les *liquides*. Mais il y a encore une autre matière que vous n'avez jamais vue, et qui pourtant est répandue tout autour de nous, et dont nous voulons vous parler. Quelle est cette chose ? — Voyons, cherchez, devinez. Vous ne trouvez pas ? — Nous allons vous aider.

Vous voyez les feuilles des arbres : elles s'agitent; qu'est-ce donc qui les fait mouvoir ? — c'est le vent. — Vous voyez un petit morceau de papier qui voltige; qu'est-ce qui le fait voltiger ? — c'est le vent. — Qu'est-ce qui fait tourner les moulins à vent? — encore le vent : le mot le dit. — Quelquefois le vent est si fort que les arbres plient, et qu'on a de la peine à marcher contre lui.

Qu'est-ce donc que le vent? on ne le voit pas, on ne peut pas le saisir avec les mains. On le touche pourtant, d'une certaine manière, car on le sent sur la peau.

Le vent, c'est de l'*air* qui *court* très-vite. Il y a de l'air partout autour de nous. Quand il n'est pas agité, on ne le sent pas; mais allez près d'une porte entr'ouverte, vous sentez du vent à votre figure, à vos petites mains, c'est de l'air qui passe : il y a ce qu'on appelle un *courant d'air*. Prenez un morceau de papier, et agitez-le comme un éventail, vous sentirez encore l'air à votre figure; vous sentez cet air parce qu'il est en mouvement : l'air en mouvement, c'est ce qu'on appelle le vent.

De même, quand vous soufflez sur la flamme d'une bougie, votre souffle, qui est un vent léger, un petit courant d'air, agite ou même éteint la flamme.

L'air qui remplit tout l'espace[1] autour de nous est encore de la matière, mais une matière excessivement légère, qu'on ne peut saisir avec la main. C'est ce qu'on appelle un *gaz*.

Qu'y a-t-il partout autour de nous, et que nous ne pouvons ni voir ni saisir?

Qu'est-ce que le vent?

Peut-on sentir un courant d'air?

L'air est-il aussi une matière?

Comment appelle-t-on la matière dont l'air est formé?

V. La pesanteur.

Prenez un objet dans votre main, que ce soit un livre, un encrier, une pierre, ou tout autre chose, peu importe. Vous sentez que vous faites un petit effort pour le soutenir; votre main le supporte, et si vous le lâchez il tombe par terre. Pourquoi êtes-vous obligés de faire

1. Il ne s'agit pas ici des espaces interplanétaires.

un effort pour soutenir cet objet? parce qu'il est pesant; et si vous le lâchez, pourquoi tombe-t-il? parce qu'il est pesant.

Tous les objets, gros ou petits, tombent quand ils ne sont pas soutenus ou posés sur quelque chose : tous les objets sont donc *pesants.*

Vous savez par expérience qu'il y a des objets très-lourds. Que de fois vous avez voulu soulever des choses qui résistaient à tous vos efforts! Vous savez qu'il y en a d'autres que vous pouvez transporter facilement. Puis il y a des choses si légères, telles par exemple que les allumettes, les épingles, qu'elles vous semblent n'avoir aucun poids.

Elles en ont pourtant; regardez une petite fleur des champs, elle ne semble pas peser dans votre main, vous la sentez à peine; pourtant si vous la lâchez elle tombera.

Ainsi tout est pesant : une barre de fer et une aiguille; une grosse pierre et un grain de sable, même une plume, même un cheveu.

Pourquoi les objets tombent-ils, quand ils ne sont pas soutenus?

Tous les objets sont-ils pesants?

Même les plus petits?

Comment peut-on apprécier si un objet est plus ou moins lourd qu'un autre objet?

VI. La pesanteur (suite).

Sans doute, mes chers enfants, vous êtes allés bien des fois chercher de l'eau à la fontaine. En allant, vous portez facilement votre seau de bois qui est vide. Mais le voilà rempli jusqu'au bord, et maintenant vous ne pouvez plus le soulever. Vous y mettez toute votre force : vos efforts sont inutiles, le seau reste là. Il faut qu'une grande personne vous aide. C'est désobligeant, n'est-ce pas?

Pourquoi ne pouvez-vous plus maintenant porter ce seau, que vous portiez si facilement tout à l'heure? parce qu'il est chargé. Ce n'est pas le seau qui est devenu plus lourd, il a toujours le même poids ; c'est l'eau qu'il contient qui le rend plus pesant.

Ce qui prouve que l'eau est pesante, c'est que si vous penchez votre seau, l'eau coule ; elle tombe par terre. Et puisque vous savez que tout ce qui tombe est pesant, vous voilà certains que l'eau est *pesante*.

Tous les liquides, le vin, l'huile, sont plus ou moins lourds. Ils coulent, de la même manière que l'eau, des vases qui les contiennent ; donc tous *les liquides sont pesants*.

Il n'est pas besoin de vous dire que plus il y a de liquide dans un vase, plus il faut faire d'effort pour porter ce vase ; que moins il y en a, plus il est facile de le porter : cela va de soi. — Si donc vous voulez rapporter vous-même votre seau de la fontaine, n'y mettez qu'une quantité d'eau proportionnée à votre force.

Les liquides sont-ils pesants ?
A quoi s'en aperçoit-on ?
Un liquide que l'on verse coule à terre ; cela prouve-t-il qu'il est pesant ?

LA CHALEUR.

I. Les grandes sources de chaleur.

Vous n'êtes plus, chers enfants, à l'âge où on met son doigt dans le feu, « pour voir comment ça fait ! » vous savez fort bien que le feu *brûle*.

Et non-seulement le feu brûle, mais un morceau de fer, ou toute autre chose qui **sort** du feu, brûle aussi ; l'eau bouillante brûle également.

Quand on met quelque chose dans le feu, ou

seulement quand on l'en approche, la chaleur du feu se communique à cette chose, elle devient chaude elle-même, et parfois brûlante. Si nous voulons que cette chose refroidisse, que faisons-nous ? nous la mettons loin du feu, et là, elle perd peu à peu de sa chaleur. Bientôt on peut la toucher du doigt, elle est encore chaude ; mais sa chaleur continuant de diminuer, après un certain temps elle se trouve complétement refroidie.

Une chose *froide*, c'est donc une chose à laquelle on ne sent point de chaleur.

L'été, surtout quand vous allez au soleil, vous avez chaud. Si vous touchez le mur qui est exposé au soleil, vous le trouvez chaud ; la terre est chaude ; s'il fait du vent, le vent est chaud : c'est qu'il y a alors beaucoup de chaleur dans l'air. Cette chaleur qui se répand et se communique à tout, c'est le soleil qui nous l'envoie.

L'hiver, au contraire, il n'y a que peu de chaleur ; l'air est devenu froid, tout ce que nous touchons est refroidi. C'est alors que, pour nous réchauffer, nous allumons du feu.

Il y a donc principalement deux choses qui produisent de la chaleur, et qu'on appelle à cauſe de cela, des *sources de chaleur.* Ces deux choses sont : le *soleil* et le *feu*[1].

Que disons-nous d'une chose qui a beaucoup de chaleur?

Qu'est-ce qu'une chose froide?

Comment nomme-t-on une chose qui produit de la chaleur?

Citez deux principales *sources* de chaleur?

II. La fusion.

La chaleur, mes enfants, est nécessaire à beaucoup de choses. Ainsi, au printemps, la chaleur du soleil fait croître les plantes. Quand vient l'été, elle fait mûrir les grains et les fruits ; enfin la chaleur du feu cuit nos aliments. Mais ce n'est pas tout ce que fait la chaleur ; écoutez bien ceci.

Vous connaissez la cire à cacheter ? cette matière est solide ; elle est même assez dure sous le doigt. Eh bien, si vous l'approchez du feu, la chaleur la ramollit peu à peu, puis la fait fondre tout à fait ; elle devient alors liquide ; elle coule comme une eau épaisse ; puis, si vous la laissez refroidir, elle redevient solide comme elle l'était auparavant.

1. La combustion.

Vous savez comment le beurre fond, devient liquide, quand on le chauffe au feu ou au soleil; comment l'hiver, quand il fait froid, il devient au contraire si ferme qu'on a de la peine à le couper.

Le beurre, direz-vous, la graisse, la cire, ne sont pas des choses bien dures, elles doivent être faciles à ramollir; mais les métaux qui sont si résistants, comment peut-on les fondre? Toujours par la chaleur. Si vous mettez du plomb dans une cuiller de fer, et que vous placiez la cuiller sur le feu, vous verrez le plomb fondre, devenir liquide, et couler comme de l'huile; puis si vous le laissez refroidir, il redeviendra solide comme il l'était auparavant.

La chaleur peut fondre ainsi l'étain, le cuivre, l'or, l'argent, le fer, tous les métaux; et beaucoup d'autres matières encore. Seulement toutes ces matières ne fondent pas aussi facilement les unes que les autres; pour fondre le fer, par exemple, il faut un grand feu, une véritable fournaise.

Ainsi la chaleur rend *liquides* certaines matières qui étaient *solides;* et le refroidissement, c'est-à-dire la diminution de la chaleur, les fait redevenir solides comme elles l'étaient auparavant.

Que veut dire ce mot : *fondre?*
Qu'est-ce qui fait fondre les matières solides?
Quand une matière fondue par la chaleur se refroidit, qu'arrive-t-il ?
Toutes les matières fondent-elles aussi facilement?
Citez des matières qui fondent facilement.
Citez des matières qui ne fondent qu'à un grand feu.

III. La glace.

Pendant la saison d'hiver vous voyez de la glace se former sur les ruisseaux ; puis la terre durcit ; au bord des toits pendent de grandes aiguilles de glace, transparentes comme du cristal. Si le froid se prolonge quelque temps, la glace des ruisseaux et des rivières devient assez épaisse pour qu'on puisse les traverser à pied sec. Qu'est-ce donc que la glace?

La glace c'est de l'eau qui est devenue *solide.* L'eau est *liquide* habituellement; mais quand il fait très-froid, c'est-à-dire quand il y a beaucoup moins de chaleur, elle devient solide. Cela ne doit pas vous surprendre, puisque vous avez vu la cire rendue liquide par la chaleur, redevenir solide en se refroidissant.

Et qu'est-ce que la neige? la neige, c'est de

la glace en flocons, c'est encore de l'eau rendue solide par le froid.

Vous savez ce qui arrive, mes enfants, quand vous mettez près du feu un petit morceau de glace : cette glace fond, redevient de l'eau liquide. Et si vous prenez dans vos mains de la neige pour en faire une boule, la chaleur de vos mains suffit pour faire fondre la neige, et l'eau coule entre vos doigts. Nous avons connu un petit enfant qui, voulant faire provision de neige, en avait apporté le soir dans sa chambre à coucher ; quel fut son désappointement le lendemain à son réveil, quand il vit qu'il n'y avait plus de neige, mais à la place toute une mare d'eau ! C'était la chaleur de l'appartement qui avait causé la *fusion* de la neige ; ce qui prouve que, s'il y a des matières qui ne fondent qu'à un grand feu, il en est d'autres que la moindre chaleur fait fondre.

Qu'est-ce que la glace ?
Qu'est-ce que la neige ?
Qu'est-ce qui fait prendre à l'eau la forme de glace ?
Faut-il une grande chaleur pour que la neige fonde ?

IV. La vapeur.

Transformer les solides en liquides, c'est un

phénomène merveilleux, n'est-ce pas, mes enfants? Est-ce tout ce que la chaleur peut faire? Non, elle fait plus encore.

Vous avez vu souvent de l'eau bouillir dans une marmite ou dans une casserole; elle bouillonne avec un petit bruit, et entre le bord de la marmite et son couvercle, qui ne ferme jamais complétement, on voit s'échapper un petit nuage ayant l'apparence d'une fumée blanche; il s'élève un peu et puis se dissipe dans l'air.

Ce qui vous paraît une légère fumée, c'est ce qu'on appelle de la *vapeur*. Et savez-vous, ce que c'est que cette vapeur? C'est l'eau de la marmite qui s'en va ainsi sous forme de petits nuages. Si on laissait la marmite assez longtemps sur le feu, toute l'eau qu'elle contient finirait par s'en aller en vapeur; il n'en resterait plus une seule goutte.

Mais si vous prenez quelque chose de froid, une assiette par exemple, et que vous mettiez cette assiette au milieu du nuage de vapeur qui s'échappe de la marmite, en un instant l'assiette deviendra ruisselante d'eau. D'où est venue cette eau? Vous allez le comprendre.

Puisque c'est la chaleur qui a fait prendre à l'eau la forme de vapeur, il est tout naturel que le refroidissement fasse reprendre à la vapeur la forme d'eau liquide.

Ainsi la chaleur, en faisant bouillir l'eau et les autres liquides, les transforme en vapeur : le froid, au contraire, ramène la vapeur à l'état de liquide.

Que se produit-il quand l'eau est bouillante ?
De quoi est formé le petit nuage qui s'élève au-dessus de l'eau bouillante ?
La vapeur est-elle encore de l'eau ?
Qu'est-ce qui transforme l'eau en vapeur ?
Quand la vapeur se refroidit, que devient-elle ?

LA LUMIÈRE

I. L'œil et la lumière.

J'ai une petite maison qui a deux fenêtres. Voilà que le matin est venu ; il fait déjà grand jour, le soleil brille : pourtant il fait noir dans ma petite maison. C'est encore la nuit à l'intérieur, tandis que tout est clair et joyeux au dehors. Pourquoi cela ?

C'est que les volets des fenêtres sont fermés. Il y a de la lumière autour de ma maison, mais elle ne peut pas pénétrer à l'intérieur. Ouvrons vite les volets! Alors la lumière entre au dedans, et la maisonnette est toute éclairée.

Mes chers enfants, vous avez vous aussi une petite maison comme la mienne. Ce que j'ai figuré par cette petite maison, c'est chacun de nous : les deux fenêtres ce sont nos deux yeux, et les volets ce sont nos paupières.

Vous savez que sans la lumière nous ne pouvons rien voir, puisque la nuit, quand il n'y a pas de lumière, nous n'apercevons aucun des objets qui nous entourent. Pour voir, il faut qu'il y ait de la lumière; mais il faut en outre que cette lumière entre dans notre œil.

Au milieu de votre œil il y a un petit rond qu'on appelle la *pupille*. Ce rond noir, c'est un trou; c'est la petite fenêtre par où la lumière pénètre dans votre œil. Quand vous fermez les yeux, la paupière couvre la pupille : c'est le volet qui ferme la fenêtre, la lumière ne peut plus entrer; tout est noir pour vous, tandis que ceux dont les yeux sont ouverts, voient le grand jour.

Que faut-il pour que nous voyions la lumière?

Comment appelle-t-on la petite ouverture par où la lumière pénètre dans notre œil?

II. Les sources de lumière.

Le soir, quand la bougie est allumée, vous regardez sa jolie petite flamme. C'est cette flamme qui donne la lumière, c'est elle qui éclaire toute la chambre, puisque si on l'éteint il ne fait plus clair. Quand vous regardez la flamme, la lumière qu'elle répand va droit à vos yeux, elle y entre; c'est ce qui fait que vous voyez cette flamme.

Les choses qui donnent de la lumière s'appellent des *sources* de lumière; ce qui veut dire que c'est de là que la lumière part, comme l'eau d'un ruisseau sort d'une source.

La flamme du foyer, celle de la lampe, les charbons enflammés, tout ce qui brille ou répand une lueur, est une *source de lumière*.

Mais la plus grande et la plus belle de toutes les sources de lumière, celle qui nous éclaire tous les jours, celle qui est si brillante que, bien qu'elle soit très-éloignée de nous, nous ne pouvons la regarder en face, vous l'avez déjà deviné : c'est le soleil.

Qu'appelle-t-on une *source* de lumière?
La flamme du foyer est-elle une source de lumière?
Quelle est la plus belle source de lumière?

III. Les objets éclairés.

Quand nous sommes dans une chambre où il y a une lampe allumée, nous voyons non-seulement la flamme de la lampe, mais nous voyons tout ce qui est autour de nous. Si par exemple il y a sur la table un livre, un encrier, un verre, nous voyons tous ces objets. Pourtant un livre ne *donne* pas de lumière, un verre n'en donne pas non plus ; mais ces choses reçoivent la lumière de la lampe. C'est la lampe, comme je vous l'ai dit, qui les éclaire, qui leur donne assez de lumière pour que nous puissions les voir ; et la preuve, c'est que si on emporte la lampe nous ne voyons plus ces objets.

Quand vous vous promenez au jardin ou dans la rue, vous voyez les maisons, les arbres, les fleurs ; toutes ces choses envoient de la lumière à vos yeux, puisque sans cela vous ne les verriez pas. Mais sont-ce les arbres, les fleurs qui produisent de la lumière ? Non, c'est le soleil qui les éclaire, leur donne cette lumière qui fait que nous les voyons. Et la preuve, c'est que lorsque le soleil a disparu, que la nuit est venue, on ne distingue plus ces choses.

Ainsi, quand nous voyons des objets qui ne

donnent pas par eux-mêmes de la lumière, c'est que ces objets sont *éclairés*, soit par le soleil, soit par la flamme d'une autre source lumineuse.

Tous les objets sont-ils des sources de lumière?
Que faut-il pour que nous voyions les objets qui ne produisent pas eux-mêmes de la lumière?
Qu'est-ce qui éclaire tous les objets pendant le jour?

IV. Les matières opaques et les matières transparentes.

Quand le soleil brille en face de votre fenêtre, vous voyez la lumière, ou comme on dit, les *rayons* du soleil qui entrent dans la chambre à travers les vitres, et font sur le plancher et sur les rideaux comme un dessin de la fenêtre. Puisque la lumière entre à travers les vitres qui sont de verre, c'est donc que la lumière peut traverser le verre.

Mais si je ferme les volets, pourquoi la lumière n'entre-t-elle plus? Parce que la lumière ne peut passer à travers le bois.

Il y a donc des matières qui laissent passer la lumière, et d'autres qui l'empêchent de passer. Les matières qui, comme le verre, laissent passer la lumière, sont appelées *transparentes;*

celles qui, comme le bois, empêchent la lumière de passer, sont appelées *opaques*.

Si vous mettez sur vos yeux une chose *opaque*, par exemple un morceau de bois ou de carton, la lumière ne pouvant passer à travers cet objet, n'entre pas dans votre œil, et vous ne voyez plus.

Les métaux, la pierre, la brique sont des choses opaques ; on ne peut rien voir au travers. Votre main est aussi une chose opaque, vous la mettez sur vos yeux quand vous ne voulez pas voir. Et puisque vous ne voyez plus quand vos yeux sont fermés, c'est que vos paupières sont opaques aussi.

Mais quand vous regardez à travers les vitres, vous voyez parfaitement tout ce qui est au dehors : les maisons, le soleil, les nuages. Le verre n'empêche pas la lumière d'arriver à vos yeux ; donc le verre est transparent.

S'il y a un morceau de sucre au fond d'un verre d'eau, vous voyez très-bien le morceau de sucre. Vous avez vu souvent, à travers l'eau tranquille, le sable et les jolis petits cailloux qui sont au fond du ruisseau, les herbes qui poussent au fond de la fontaine : l'eau est donc transparente aussi.

Y a-t-il des matières que la lumière peut traverser?
Comment nomme-t-on ces matières?
Citez des matières transparentes.
Y a-t-il des objets que la lumière ne peut pas traverser?
Comment les nomme-t-on?
Citez des objets opaques.

V. Les matières translucides.

Prenez maintenant une feuille de papier mince, et appliquez-la contre la vitre. Cette feuille de papier est-elle transparente ? non, puisque vous ne pouvez voir au travers. Elle n'est pourtant pas opaque non plus, car vous voyez qu'un peu de lumière la traverse.

Les choses qui ne sont pas assez transparentes pour qu'on voie nettement au travers, et qui laissent pourtant passer un peu de lumière, sont appelées *translucides*. Le papier est translucide, surtout quand il est huilé ; la porcelaine, l'écaille, l'ivoire le sont aussi ; les feuilles des arbres également. Les étoffes sont aussi plus ou moins translucides ; ainsi, quand le soleil brille trop vivement en face de la fenêtre, on ferme les rideaux ; alors on ne voit plus au dehors, mais il passe encore assez de lumière à travers le rideau pour éclairer la chambre.

Parmi les choses translucides, on peut citer encore les nuages. Les nuages, vous a-t-on dit l'année dernière, sont des brouillards; ce sont comme des rideaux qui nous empêchent de voir le soleil, parce qu'ils ne sont pas transparents, mais qui laissent une partie de sa lumière venir jusqu'à nous, parce qu'ils ne sont pas opaques : ils sont translucides.

Quand un nuage passe sur le soleil, le jour devient plus sombre, et quand le nuage est passé, le jour redevient brillant et gai comme auparavant.

Comment appelle-t-on les matières qui laissent passer une partie de la lumière, et au travers desquelles on ne peut pas distinguer les objets?

Citez des matières translucides.

Les nuages sont-ils translucides?

Cachent-ils le soleil quelquefois?

Empêchent-ils alors toute la lumière du soleil de nous arriver?

VI. L'ombre.

Quand j'étais petit enfant comme vous, j'aimais comme vous à jouer au jardin et aux champs, sans craindre le grand soleil. En courant sur les sentiers ou le long des murs, je voyais mon ombre courir à côté de moi. Ce qui m'étonnait et m'amusait beaucoup, c'est que nous étions toujours arrivés ensemble au bout du sentier. Qu'est-ce donc qu'une ombre, me disais-je? Pourquoi est-elle là et non pas de l'autre côté? Et je prenais plaisir à remuer les bras, les mains, les doigts pour voir si elle en ferait autant.

Vous aussi, vous avez vu bien des fois votre ombre, et vous ne sauriez pas, non plus que je ne le savais à votre âge, expliquer *comment il se fait* que vous ayez une ombre.

Cela n'est pas difficile à comprendre, écoutez bien. Il y a un mur; le soleil y envoie ses rayons, il est éclairé partout. Vous étendez votre main : votre main, qui est opaque, comme vous le savez, empêche la lumière de passer à cet endroit, et d'aller jusqu'au mur. L'espace qui est derrière votre main devient naturellement sombre, parce que les rayons du soleil ne peuvent y arriver. Cet espace devenu obscur, parce qu'il ne reçoit plus de lumière, c'est *l'ombre* de votre main.

Tous les objets opaques, c'est-à-dire tous ceux qui empêchent la lumière de passer, produisent nécessairement une ombre. Ainsi une maison, un mur, une grille font une ombre; vous et moi faisons une ombre aussi. Quand la personne ou la chose qui fait l'ombre change de place, vous comprenez facilement que l'ombre change de place avec elle.

Comment appelle-t-on l'espace obscur qui se produit derrière un objet opaque?

Pourquoi un objet opaque fait-il une *ombre*?

VII. L'ombre (suite).

L'ombre d'une chose rappelle ordinairement le contour de cette chose, comme vous pouvez vous en assurer. Ainsi l'ombre que fait une boule est ronde; l'ombre d'un vase, d'une bouteille, d'un chandelier, forme une espèce de dessin qui représente plus ou moins ces objets. Vous pouvez suivre avec un crayon le contour d'une ombre. Et si vous priez votre mère de placer son visage bien droit entre la lumière et une feuille de papier appliquée contre la muraille, et que vous traciez avec un crayon le contour de l'ombre du visage produite sur la feuille de papier, vous aurez une sorte de portrait de votre mère; c'est ce qu'on appelle une *silhouette*.

Une ombre très-jolie, c'est celle des arbres sur la terre ou le long des murs ; on voit les rayons du soleil qui passent entre les branches, et l'ombre des feuilles qui tremblote quand les feuilles sont agitées par le vent.

Quelquefois pourtant l'ombre d'une chose ne ressemble guère à cette chose ; le soir, au soleil couchant par exemple, nos ombres sont démesurément allongées. Et à la veillée, quand vous jouez autour de la lampe, vos petites mains envoient derrière vous, sur le mur, des ombres énormes, qui sont comme de grandes mains noires. Nous vous avertissons de tout cela, mes enfants, pour que vous n'en soyez point surprises ; plus tard, nous vous expliquerons pourquoi les ombres se déforment.

L'ombre a-t-elle ordinairement un contour rappelant la forme de l'objet qui la produit?

L'ombre est-elle quelquefois déformée beaucoup, allongée ou agrandie?

VIII. Le lointain.

Quand vous voulez voir un objet, un dessin, vous vous en approchez, s'il est possible, n'est-ce pas? Vous savez déjà que nous voyons mieux les choses qui sont près de nous que celles qui sont au loin. Remarquez encore que les choses qui sont éloignées de nous nous paraissent toutes petites.

Si vous montez sur une colline, et que vous regardiez au loin, vous voyez des arbres, des maisons, peut-être une prairie où paissent des troupeaux sous la garde d'un berger. Et les arbres, les maisons, les troupeaux, le berger vous paraissent si petits, qu'on dirait presque une bergerie d'enfant, avec des vaches de carton, et un berger grand comme le doigt, tous à ranger sur une table !

Mais vous ne vous y trompez pas : vous savez que ces arbres, ces maisons, ces animaux, ces personnages sont aussi grands que ceux que vous voyez près de vous ; c'est seulement parce qu'ils sont éloignés qu'ils semblent petits : ce n'est qu'une apparence.

Un autre phénomène encore, c'est que les choses qui sont très-éloignées nous paraissent grises ; les arbres, vus de loin, semblent gris foncé, pourtant ils sont aussi verts que ceux qui sont près de nous. C'est qu'il y a toujours dans l'air quelques vapeurs, et que ces vapeurs sont comme un nuage qui nous voile à demi tout ce que nous voyons dans le lointain.

Voilà pourquoi, mes enfants, dans les dessins et dans les tableaux, les choses qui sont figurées pour paraître dans le lointain, sont toutes petites et toutes grises.

Qu'appelle-t-on le lointain ?

Les choses qu'on voit dans le lointain paraissent-elles aussi grandes que celles qui sont plus rapprochées ?

Pourquoi le lointain paraît-il gris ?

Y a-t-il toujours quelques vapeurs dans l'air ?

IX. La chaleur et la lumière s'accompagnent.

Quand deux petites amies du même âge, deux bonnes petites sœurs surtout, ont à peu près le même caractère, aiment les mêmes jeux, on les voit presque toujours ensemble. Quelquefois cependant l'une est dans un endroit, tandis que l'autre est occupée ailleurs ; mais ordinairement on les voit se donner le bras et aller partout de compagnie.

Eh bien, mes chères enfants, la *chaleur* et la *lumière* sont comme deux sœurs : elles vont presque toujours ensemble ; non pas *toujours*, faites bien attention, mais *presque* toujours.

Ainsi le soleil donne de la lumière, et il donne en même temps de la chaleur; vous le savez, car vous vous chauffez au soleil.

Le feu chauffe, et il éclaire aussi. La flamme de la lampe, de la bougie qui nous éclaire, brûle le doigt qui s'en approche. Vous avez peut-être vu un forgeron retirer du feu son fer rouge, et le battre sur son enclume : le fer rouge est chaud, et il brille aussi.

Quand vous trouvez le soleil trop chaud, vous allez vous mettre à l'abri sous l'ombre des arbres. A l'ombre il y a moins de lumière, et en même temps moins de chaleur. Vous savez aussi qu'il fait toujours plus froid la nuit que le jour. La diminution de la chaleur, c'est ce que nous nommons le froid; l'absence de la lumière, c'est l'obscurité.

La chaleur et la lumière vont-elles ordinairement ensemble ?

Quand une chose brille par elle-même, est-elle ordinairement brûlante ?

Et quand une chose est extrêmement chauffée, devient-elle *lumineuse*?

Qu'est-ce que l'obscurité ?

Qu'est-ce que le froid ?

LES PHÉNOMÈNES ATMOSPHÉRIQUES.

I. Le vent et la tempête.

Le vent, vous a-t-on dit, c'est de l'air agité, de l'air qui court, qui est en mouvement; mais l'air n'est pas toujours agité; quelquefois il est tranquille, alors on dit que le temps est *calme*.

Le plus souvent il fait un peu de vent, vous sentez comme un petit souffle à votre figure et dans vos cheveux; les feuilles des arbres remuent, et les grandes herbes se balancent : c'est ce qu'on appelle le *zéphyr*.

Quand le vent est plus fort, les arbres s'inclinent, la poussière du chemin vole en tourbillons, l'eau des étangs est agitée à la surface, il s'y forme des vagues; ce vent s'appelle la *brise*.

Enfin quelquefois le vent devient très-fort, c'est-à-dire que l'air est agité violemment; les arbres plient, leurs branches se cassent, les plantes des champs sont renversées; tout ce qui n'est pas maintenu très-solidement est arraché; on entend le vent souffler contre les fenêtres,

Arbres pliant sous la tempête.

siffler entre les portes, gronder dans les cheminées : c'est la *tempête*.

Qu'est-ce que le vent?
Qu'appelle-t-on le calme?
Qu'est-ce que le zéphyr, la brise, la tempête?
La force du vent est-elle très-grande quelquefois?

II. Les nuages.

Il fait beau temps, vous levez les yeux pour regarder au-dessus de votre tête. Vous voyez là-haut cet espace bleu que nous appelons le ciel; vous voyez aussi quelques nuages : dans notre pays il y en a presque toujours. Ces nuages sont légers et brillants; on dirait des flocons d'ouate blanche ou grise qui flottent dans l'air. Ils avancent tout doucement, et tous du même côté, comme la fumée que le vent emporte; c'est aussi le vent qui souffle là-haut, et pousse les nuages.

Les jours où il y a beaucoup de nuages dans l'air, on ne voit plus le bleu du ciel, le temps est sombre, et les nuages nous paraissent d'un gris foncé. Qu'est-ce donc que les nuages?

Vous savez, mes enfants, que l'eau bouillante se change en vapeur, puis prend la forme d'un petit nuage blanc. Mais pour que cela arrive il n'est pas besoin que l'eau soit bouillante.

Ainsi du potage que vous mangez, et qui n'est plus bouillant, vous voyez s'élever de la vapeur; quand on met le linge à sécher au dehors, l'eau que contient ce linge humide, s'en va peu à peu sous forme de vapeur. C'est toujours la chaleur qui opère ce changement. Que ce soit par la chaleur du feu, ou simplement par la chaleur répandue dans l'air, l'eau se transforme en vapeur, et s'élève. Aussi plus il y a de chaleur, plus la vapeur se produit vite; c'est pour cela qu'on met le linge à sécher l'été au soleil, et l'hiver près du feu.

Quand le soleil brille, et que le temps est très-chaud, on voit comme une petite fumée très-légère s'élever de la terre humide, de l'herbe, et surtout des rivières et des étangs. C'est encore de l'eau qui s'élève en vapeur. Elle est si légère, cette vapeur, qu'on la voit à peine; elle monte dans l'air, et va former là-haut tous les nuages que nous voyons.

De quoi sont formés les nuages?

D'où s'élève la vapeur qui forme les nuages?

Qu'est-ce qui fait avancer les nuages, si vite quelquefois, qu'ils ont l'air de courir?

III. La pluie.

Les nuages sont donc des amas de vapeurs. Mais quand la vapeur se refroidit, elle redevient de *l'eau liquide ;* vous n'avez pas oublié cela, mes enfants. Or il fait froid, là-haut où sont les nuages ; aussi les nuages se transforment facilement en des millions de petites gouttelettes d'eau, qui retombent sur la terre : c'est la *pluie.*

Quand il tombe de la pluie, c'est donc que la vapeur qui a formé les gros nuages est redevenue liquide, et retombe en gouttes d'eau.

Sur la terre l'eau gèle, c'est-à-dire devient solide, par le froid. De même quand il fait très-froid là-haut, l'eau des nuages gèle, et au lieu de tomber en pluie, tombe en *grêle* ou en *neige.* La grêle qui fait tant de bruit en tombant, c'est de la glace en gros grains; et la neige qui tombe si doucement, c'est de la glace en petits flocons. Quand le froid diminue, ou, si vous le préférez, quand la chaleur augmente, la glace et la neige qui sont tombées sur la terre redeviennent de l'eau liquide, et coulent en petits ruisseaux : c'est ce qu'on appelle le *dégel.*

Qu'est-ce que la *pluie?*

Qu'est-ce qui fait revenir à l'état d'eau liquide la vapeur qui a formé les nuages?

Si le froid est très-vif, que deviennent les vapeurs?

Qu'est-ce que la neige? la grêle?

Quand la neige est sur la terre, qu'arrive-t-il si le froid diminue?

Quand on dit que le froid diminue, ou que la chaleur augmente, exprime-t-on la même chose?

Qu'est-ce que le dégel?

FIN.

TABLE DES MATIÈRES.

GÉOGRAPHIE.

GÉOGRAPHIE DESCRIPTIVE.

LA TERRE HABITÉE.

LA FORME DE LA TERRE.

NOTIONS USUELLES SUR QUELQUES PHÉNOMÈNES NATURELS.

LES PROPRIÉTÉS DE LA MATIÈRE.

LA CHALEUR.

LA LUMIÈRE.

LES PHÉNOMÈNES ATMOSPHÉRIQUES.

FIN DE LA TABLE.

Imprimerie générale de Ch. Lahure, rue de Fleurus, 9, à Paris.

COURS D'ÉDUCATION ET D'INSTRUCTION PRIMAIRE

comprenant les matières des nouveaux programmes

(pour les enfants des deux sexes de 5 à 14 ans)

A L'USAGE DES ÉCOLES ET DES FAMILLES

Ce Cours est divisé en trois périodes :

1° Élémentaire — 2° Intermédiaire — 3° Supérieure

COURS ÉLÉMENTAIRE

PREMIÈRE ANNÉE.

1° Manuel de l'Instituteur, comprenant : l'Exposé des principes de la pédagogie et le guide pratique de la première année. 1 volume in-12, broché. 2 fr. 50

2° Enseignement de la lecture, à l'aide du procédé phonomimique de M. Grosselin. 1 volume grand in-18, avec des vignettes, cart. 50 c.

Tableaux reproduisant la méthode. 3 fr.

Le collage des 30 tableaux sur 15 cartons se paye en sus 3 fr. 75

3° Petites lectures morales; Grammaire. 1 volume grand in-18, cartonné. 50 c.

4° Arithmétique; Géométrie; Système métrique. 1 vol. grand in-18, avec des vignettes, cartonné. 50 c.

5° Géographie; Histoire naturelle. 1 volume grand in-18, avec des vignettes, cart. 75 c.

DEUXIÈME ANNÉE.

1° Manuel de l'Instituteur, comprenant : le développement des principes pédagogiques, et le guide pratique de la deuxième année. 1 vol. in-12, br. 2 fr. 50

2° Lectures morales et instructives; Grammaire. 1 volume grand in-18, cartonné. » »

3° Arithmétique; Géométrie; Système métrique. 1 vol. grand in-18, avec des vignettes, cartonné. » »

4° Géographie ; Premières notions sur quelques phénomènes naturels. 1 volume grand in-18, avec des vignettes, cart. » »

5° Histoire naturelle; Leçons préparatoires à l'étude de l'hygiène. 1 volume grand in-18, avec des vignettes, cart. » »

Deux éditions de tous ces volumes ont été publiées simultanément, l'une à l'usage des filles, l'autre à l'usage des garçons ; avoir soin de désigner dans les demandes l'édition spéciale que l'on désire recevoir.

Les volumes de la 3° *année* du COURS ÉLÉMENTAIRE sont sous presse.

Imprim. génér. de Ch. Lahure, rue de Fleurus, 9, à Paris.